JN410698

내 지갑 속으로 이사 온 모티브

시산맥 기획시선 054

내 지갑 속으로 이사 온 모티브

시산맥 기획시선 054

초판 1쇄 발행 | 2017년 8월 15일

지 은 이 | 송과니
펴 낸 이 | 문정영
펴 낸 곳 | 시산맥사
편집주간 | 김광기
편집위원 | 안차애 이성렬 전해수 정재분
등록번호 | 제300-2013-12호
등록일자 | 2009년 4월 15일
주 소 | 03131 서울특별시 종로구 율곡로 6길 36.
월드오피스텔 1102호
전 화 | 02-764-8722, 010-8894-8722
전자우편 | poemmtss@hanmail.net
시산맥카페 | http://cafe.daum.net/poemmtss

ISBN 978-89-98133-90-0 03810

값 9,000원

* 이 도서의 국립중앙도서관 출판시도서목록(CIP)은 서지정보유통지원시스템 홈페이지(http://seoji.nl.go.kr)와 국가자료공동목록시스템(http://www.nl.go.kr/kolisnet)에서 이용하실 수 있습니다.

내 지갑 속으로 이사 온 모티브

송과니 시집

*본문 페이지에서 한 연이 첫 번째 행에서 시작될 때에는 〈 표기를 한다.

■ 시인의 말

흙이 물 될 때까지
사랑은 흙 다 벗으리라.

물이 흙 될 때까지
사랑은 물 다 벗으리라.

그러므로
나는 존재한다.

■ 차 례

1부

2부

3부

4부

1부

블랙리스트

하늘이 내 곁 떠나더니 구름 뒤에 가리었다.
내가 있으므로, 내가 있으므로, 나는 없다.
나는 없다. 내가 없으므로
바람이 불지 않는다. 바람이 불지 않는다.
그러므로 새들은 노래 멈추지 말아라.
나는 하나의 음표 속에 나를 그래서 버렸다.
내가 없으므로 없는 나로부터 부활한
바람은 버려진 나를 물어다 끝나지 않는
노래 속에 내 악보와 함께 잘 심어 주리라.

배꼽 아래에서 떨어진 존재이므로

그래서 살아 있다. 하늘로 돌아가지 못한 태양들 나무껍질 속으로 숨어든 뒤

내면이라는 호수에서 물결 그려내는 것.

마르지 않음으로부터 온 물은 마르지 않음의 대지에 마르지 않음 심고 또 심는가.

이파리 가지 초록 나무 허물고 네모 사각 위에서 태어난 집들이, 그 대들보들이, 그 지붕들이, 그리고 그 창들이 사방 벽을 지어 삶이라는 이름의 육신을 비바람으로부터 막아주고 감싸는 한편

더하라, 더하라, 꿈꾸는 시간 거들어줄 때

땅바닥까지 내린 허공을 저 위로 위로 하늘 다시 우주의 정수리까지 걷어 올리고 단 한 칸 제 잠자리 마련한 풀잎들, 꽃잎들, 발자국들.

물은 마르지 않음으로부터 마르지 않음까지 마르지 않음으로 이르고 또 이르는가.

〈

바다가 어떤 악마로부터 난데없이 전해 받은 질투 시기심이라는 파도로 인하여 너무 아파 골머리에 해변 띠 두르고 하얀 거품 입에 물 때

그가 내면의 자리에 꾹꾹 쌓아 쟁여온 오랜 마음 고난에 대해 갯바위야, 그 혹독한 풍랑 풍랑 격랑 문득 기억하되 이제는

울컥거리지 마라, 울컥거리지 마라.

항해자와 배와 그의 항로 흔들지 마라하고 불량배처럼 몰려다니는 바람의 오른손에 새벽달 한 송이 쥐어준다. 그러면 저도 순한 걸음소리로 함께 동행해주겠지. 그리하여

마르지 않음으로부터 온 물은 마르지 않음의 바다에서 마르지 않음으로 흐르고 또 흐르겠지.

〈

바다의 지문[指紋]이 물결로 되살아나
순례의 지장[指章]을 물 위에 찍고
물은 그러므로 흘러가고
흘러가야 하는 존재 시간은

밤과 어둠 무시해버리고 일출로 몰려온다.

살아봐야 한다. 살아가야 한다. 살아남아야 하므로, 살아남아서 살아가야 하므로, 그래서.

55세 어린 왕자가 한 말

별을 검은 사막에 버려진 해골이라 쓰고, 달을
그 해골 마시고 사는 코끼리라 써내려가는 시간,
고독은 붓이 된다. 노래 찾아서
해골 쓰라고
검은 사막 위에 던져진 코끼리의 걸음인 것
붓의 불면은, 해골의 노래 찾아서 가라,
캄캄함의 세계를
끊임없이 순례하는 무한 고독 의식[儀式]인 것이다.
말미암아 코끼리
해골 속에 고인 별빛 마시며 검은 사막을
온몸으로 사냥하는 노역이라 일컫는 것
인생은—쉼표와 마침표의 집을 짓는 일이고
예술은—물음표와 느낌표라는 쌀로 밥을 짓는 일.

기차가 오지 않을 때

아니다. 향한, 매일 개화開花는 집착이 아니다.
갔음과 다시 올 것임 사이
그 여백이 아름다운 철길 위에서
달의 본명은 그리움,
그리움의 개명은 기차.
어제 다음날 하루 전까지
달은 휘파람 불면 나타나는 하나의 음표였다.
그러나 철길은 연주를 멈추었다.
침목이 된 발자국들.
자갈이 된 빠진 발톱들.
사랑이 자기를 초대해 주지 않아서
스스로 초대되어 사랑에게로 기차는 길 떠났기
때문이다.
너는 가는 손에 하나의 외길 꼭 쥔 것이고,
나는 다른 하나의 외길
오는 손에 모름지기 움켜쥔 것이구나.
그러므로 음표 하나로 빈 철길 연주하기 위해
달이 뜰 것이다. 여백 속으로
초대된 불. 여백에 붙은 불.
저 한 송이 개화가 기적을 울릴 것이다.

내일 다음날 하루 전에
갔으나 다시 올 것임으로 비어 있는 철길
위에서 내 음표는 휘파람 불며 기차 기다린다.

서랍 밖으로 도망친 나비

나는 미개한 거미, 끈적끈적한 눈물 몸에 칠하고
죄와 벌이라는 거미줄 위를 뒹구는 것.
해인 양, 달인 양,
또는 개똥벌레의 유령인 별인 양.

나비로 안에 들어앉기 갈망하는 하나의 밖.
나비로 밖에 나앉기 욕망하는 하나의 안.

하지만 속마음이라는 악보 다 보여주는 것
아니었다, 아니었다,
당장 벌 쏘아버릴 듯 머리 위를 맴도는
저 음악은
깊고 음울한 어둠 밟고 넌들넌들 지나온
어느 슬픔의 궤적이기에 이리도
윙윙거리는 것일까.

안의 밖, 밖의 안,
목소리 없는 목청,
걸음 없는 발,
내 별은 개똥벌레

꽁무니에 기생하며 세상 향해 반짝거리는 불
그것이었다. 그러므로

나는 안의 밖, 밖의 안.

죄와 벌에서 온 눈물 쌓고 또 쌓은 끝에
목청이 목소리 일구었을 때
발이 걸음 터득했을 때
거미줄이라는 깊은 서랍 젖혀 열고 뛰쳐나가
붕붕거리는 나비 한 마리.

저 환한 눈물방울 내 슬픔은
안의 밖이고 밖의 안인 것,
안이 될 때 꽃이 피는 밖이면서
밖이 될 때 그야말로 꽃을 피우는 안인
그 이름.

내 나비는 비로소 날아오르고,
거미줄이라는 이름의 어둠은 녹아 흘러내린다.

슬픔의 바깥, 연주하는 음악은 새벽이다.

숲길

누가 왜 잔잔한 호수에 돌을 던졌던 것인가.
한껏 호흡 짙어진
공기가 폐 속을 곰곰이 들락거리는 사이
지워지지 않는 파문이 많은
한 사내 나이는
고요로 가는 길 찾다가 깊어진 숲
나무속으로 이주하여 나이테가 되었지요.
참으로 별난 저 은신법,
어떤 비둘기가
구구구 파발을 이는 바람 편에 띄웠습니다.
그러나 잎들은 풍향의 화살 쏘지 않았고
오솔길은 동서남북을 저버렸습니다.
그런 오랜 숲의 충고 끝에
겨누는 짓
과녁적 화살표 둘둘 말아버림으로 말미암아
둥글어질 수 있음에 도달한 나이테.
이제 그대 파문 열어주오,
향하고 또 향하는 구애의 딱따구리가
여기 이르게 된
나무의 마음 연일 두드리고 있을 때

간직한 아픔의 어떤 무늬도 들키지 않으려는
숲 공기는 내
까만 그림자를 햇빛으로 표백하고 있었구요.

담양 수첩 1

어제 다음날 하루 전에 '향하여'로 빽빽한
풀잎줄기 밀림을 두 발바닥으로 지나서
오늘 다음날 하루 전에 '또 향하여'로 즐비한
풀꽃 광야에 두 발바닥 짚으며 접어들어
가만히 누워 있을 때, '향하여 또 향하여'
너무 불어서 지친 바람을 하얀 별들 기워 만든
이불 포근히 덮어주며 기도 중얼거리는
은하수의 음성이 희끗희끗 들려오는 것이다.

담양 수첩 2

그 사람 찾아가는 길이었어요.
향하여 앞서 건너간
헌 시간은 새 시간이 되고,
그리움에 대하여 잘 아는
새의 날갯짓이 하늘 되는,
푸른 여백의 영토에서
그저 하얗기만 한 꽃송이가
낯선 바람으로 둔갑하는 순간
나는 숨을 쉴 수가 없어
그리움 속에서 허우적거리는데
다른 한 바람이 길을 정하고
다시 호벅진 풀꽃
모습으로 앞장서는 거였어요.
난 다시 숨을 쉴 수 있었어요.
내 허파 속에도 꽃이 피었어요.
담양 담양 길을 적어준 저 달.

내 주머니 속 그림 한 장

노래의 땅 그 안으로 들어서야 할 때라고 하는 시간의 말에 따라 빛나는 별빛을 향수鄕愁의 종자로 뿌린 바 밤새 들에서 발아한 희미한 어스름으로부터 돋아난 풀잎이 빛바랜 비닐 자락을 흙냄새가 뭉쳐지는 그 끝까지 말아 올리는 사이,

저 어스름으로부터 분가한 지평이 흙 묻은 손바닥으로 야물게 받아든 새벽빛을 아무개 담벼락에 덥석 문질러댄 바 놀라 깬 뭇 강아지들 웅웅웅 짖어댈 때 엉거주춤하던 집집이 지붕들이 이 자락 저 자락 자락자락 까치발 드는 사뭇 풍경.

그러므로 말미암아

어둠에 갇힌 노래, 안테나 같은 외뿔 세우고 눈물 마법에 접어드는 시간, 골방으로부터 솟아난 촛불이 펜촉 모양으로 타오르기 시작한다. 초는 시인의 몸이다. 어두워지면, 그 어둠을 부어진 기름 삼아 불꽃으로 활활 일어나는 것.

뜨거운 눈물이 가난한 시인의 피로부터 분신分身한다, 부활한다. 불꽃은 펜촉의 발짓 멈추지 않는다. 그로 말미암아 되살아난 뜨거운 노래가 눈물 이끌고 불꽃 아래로 곤두박질 미끄러진다. 꼭대기를 바닥까지 끌어내리기 위하여, 줄곧,

한 줄기 바람은 투명 실오라기

가는 길, 망초꽃들이 나를 불러 세웠다. 그러자
너울질 휘휘저음 쪽으로 막 넘어가던 춤은
불어오는 바람에게 들키고 말아 풀잎이 되었다.
몸은 춤 속으로 영원히 사라지기를 기도하였다.
그를 아끼는 나는 풀색 입고 그에게로 건너갔다.
길은 그의 춤으로 짠 한 폭의 광목천이었다.
휘휘저음 너울질로 길쌈한 것이었다. 망초꽃
그녀들이 그 위에 사랑 고백을 널어왔다. 그러자
바람이 눈에 띄지 않는 투명 실오라기 몸짓 부리며
나타나 자기가 그의 숨겨둔 애첩이라고 말했다.
춤을 들키고 말아 아무것도 걸치지 못한 풀잎
그를 아끼는 나는 풀색 벗어 그에게 입혀주었다.

읽는 이가 제목 지어야 하는 시

그 빛의 물결이 유난히 하얀 은하수로 가는 길목 숲에서 온 소나무가 제 유골인 목재로 하여 거칠고 오랜 비바람으로 다진 흙 위에 기둥과 대들보 나눠준 그 힘으로 집이라는 생존경쟁에 쫓기는 영육의 대피소 그 사방벽 일으켜 세웠다,

하는 사실로 삶을 영위해가는 부엌 앞뜰의 풍경 어김없이 발휘하는 포플러는 자꾸 퇴화하여 결국 사라지게 된 제 보폭을 대신해 나무젓가락으로 하여금 희로애락들의 식탁 위에서 밥과 입 사이 그 굶주림과 배부름 간의 거리를 측량케 한다.

여태껏 땅바닥을 기었던 것들임이 틀림없다. 공중을 차지한 채 높이 나는 저 비둘기 부리들,

죽녹원의 비밀

신이 달도 새도 모르게 밀봉해 둔
한 노래 열기 위해 푸른 바람이
죽죽 흐르는 대나무 숲에서
그리움 실한 음표 사육하며
담양 담양 사는 55세 어린 왕자를
곧구나, 죽죽이구나, 만지는
순간 그 사랑은 어린 죽순이 된다.

읊건대

지구의 삶은 무엇에 밑줄 치게 되는 것인가. 인류의 시간은 싹으로부터 솟아나와 열매에게로 흘러가는 것 그 문장이라고 대지는 말한다. 그래, 삶이라는 구구절절 담아 싣고 가는 그 싹과 그 열매의 행간에서 암흑이라는 독한 유혹에게도 허접 쉽사리 달이 녹지 않고 별들이 삭지 않았으므로 귀 함박 열고 흩어진 새소리 쓸어 담는 꽃 그 풀잎이 짱짱한 것이며, 조찬 햇빛에 불려나온 이파리들은 반반하기 짝이 없는 것이다. 때문에 흙에게는 솟는 음성이 있어 그를 초목이라는 문자로 옮겨 적은 문장에 대하여 모두는 대지라 이름 지어 부르므로 지평선은 절대 녹지 않으며 삭지 않는 것 일출에 밑줄 치고 하늘과 땅의 행간을 달리는 것이다. 맺히기 위해 인류의 눈에서 솟는 물방울 구구절절 움켜쥔 채, 싹으로부터 열매에게로,

2부

〈막 흘리기〉

그러므로 있다 있다 있다 있다 있다 또 있다.
다소곳하다가도 자꾸 뒤집어지곤 하는 바람
사랑에게 부치고 발자국 보관소 구름에 든 것.
눈물 밖으로 뛰어내리는 방법 찾아 나선 듯
무화과나무에 무화과가 매달려 있지 않는 날
망초 줄기, 망초 풀잎, 망초 수풀과 함께
수취인불명 이유로 반송된 바람을 읽고
저 떠돈 발자국 수없이 고인 구름으로부터
길어 올리면 길어 올릴수록 막 흘러내리는 것.
그러므로 비다 비다 비다 비다 비다 또 비다.

베토벤의 비

지금의 하늘은 불확실성 실어 나르는 구름. 그 흐림으로부터 몰려온 이름들로 붐비는 지상.

눈을 감았다 뜨는 사이 저 위로부터 이 아래로 빗방울이 줄지어 흐른다.
이 빗줄기는 운명, 운명,
베토벤의 펜이 되어
비밀스럽게 가슴 깊이 숨겨온 땅의 음악 들춰내기에 이른다. 지상에 붐비는 인생이라는
악보마다 각각의 계음 그려 넣는 것이다.

그리고 노래 부른다. 늘 항상
맺혀 있는 가슴속 봉오리, 견디는 그 꽃, 식힘의 얼음 같은 휴식이 필요한 그 뜨거움,

그러므로 빗소리

귀에 꽂고 지구의 끝에서 우주의 시작까지 흘러가버리고 싶은 것은 눈물이 되는 것이며

그 눈물 속에서 노래가 나태에 빠져 멎고 말면

삶은 지루하고 따분하여 비를 부르게 되고 슬픈 노래 속에서 눈물이 잠시라도 한눈팔 때면
베토벤의 펜은 비를 쓰게 되는 것이다.

다시 눈을 감았다 뜨는 사이,

그가 쓴 어떤 슬픔이 내가 눈물 흘리는 것을
허락해 준 것일까. 내 눈물은 내 슬픔을 어디까지 들었기에 이토록 흘러내리는 것인가.

노래는, 머문 자리 개지 않는다.
노래는, 머문 자리 그대로 흘려 둔다.

이리 불었다 저리 불고
저리 불면 이리 불어대는 아주 교활한 바람의 언덕을 줄줄 슬픈 베토벤의 펜으로
지팡이 짚으며 넘고 넘어서 온

빗방울 음표 속에 운명, 운명, 나를 있게 한다.

너는,

대나무 영토

가득함교敎에서 텅텅 비움교敎로 개종한 부족들
마디와 마디 사이에 푸른 여백 들이고 사는
죽녹원에 드는 날 인류는 하나의 부호가 된다,
하고 마디와 마디 사이 푸른 여백으로부터 달
웅웅 솟아오르면, 달이 솟아서 마음 두근거리면,
자꾸 두근거려서 수수 만 마디들이 사무친
가슴과 머리를 하늘로 향하고 달 아래 모이면,
대는 제 여백을 꺼내어 당신 여백에 포갤 뿐더러
그 영토에 텅 비웠으므로 가득한 나라 가는 길
제시하는 푸른 화살표 파종하고 담양 담양 선다.

소쇄원에서

한 슬픔 버리면 한 눈물 담을 수 있는 골짝 가진
노래가 살 집을 지곡리에 가만히 부렸던 것.
말미암아 홀로 바람 낯선 지상에 이르렀을 때
골짝 끌고 온 슬픔의 스승은 눈물이었던 것.
온 풀잎들 흥건히 적셔주고 싶었던 노래. 그러나
아무리 불러도 노래는 노래에 그치고 마는가.
세상이라는 거미줄로부터 벗어나고 싶은 거미가
떠돌 바람에게 입혀 줄 실오라기 길쌈할 때
골짝은 깨끗하고 시원한 눈물 퍼트리는 것이었네.

나그네를 위한 서곡

다칠세라, 다칠세라, 햇빛을 업어서 키워 온 풀꽃은 괴나리봇짐

대신 바람 한 쌈지 옆구리에 찬다.
방랑의 날개는 살랑 산들 미풍의 힘으로도 어디까지 거기까지 날아갈 수 있다.

부는 바람의 뒤를 따르는 나무,
숨이 가빠 부연 입김들 산중턱에 모였다가 구름이 되지 못한 채 희멀건 안개로 하산할 때
내 사랑은 새가 되지 못한 노래.

애석하다, 애석하다,
눅눅한 안개로부터 불쑥 태어난 빗방울이 마음 구석구석을 연주함에 따라
여기저기서 메아리치는
잡가—모호함, 이상함, 야릇함, 도무지, 도무지, 또 도무지,

그리고 미로. 그 긴 노래

〈

혼돈으로부터 벗어나기 위해 지금
내리는 이 빗줄기는 줄기차게 줄기차게 흐르되 휘청거리지 않는 강 젊어진 것일까.

모호함 이상함 야릇함
그 빗발침 속에서 빗방울이 빗줄기를 업는다.

미로여,

도무지 도무지 또 도무지 품은 빗방울로부터
출가한 태양 발갛게 밝혀 들고
꽃은 어디까지 거기까지 행차해야 한다.

미로여, 미로여,

그 꽃 가슴에 달고 13월 32일 25시 61분까지
나는 홀연한 미풍으로 불어서 가리라.

기억 미행

철없는 세 시 방향에서 일출 저지르고, 미행의 징검다리 건너 반대편 아홉 시 방향으로 질레질레 쫓아가서 일몰한 사랑을 찾아본 날들 있었다.

목마를수록 태양이라는 우물은 불만 고인다.
그래서 뼛속이 떨리게 가렵다.
어떤 그림자가 또 빠져나가려고 이러는 건지.

X는 유희의 종이 된 몽유. Y는 몽유에게 정복당한 유희. 오르고 내리기 좋아한 X와 Y의 계절 그 사랑은 아랫도리가 무척 붉고 짤막한 새였다.

식영정에서

한 방울 아비의 물로부터 온 이름이여,
꽃수풀에 들면 그림자 지울 수 있을까.
아니 내 그림자는 풀잎에 맺혀 쉴 테다.
제 그림자에 치인 적 있는 풀잎에 맺혀
내 그림자는 풀잎이 물 되도록 쉴 테다.
하지만 살아가야 하므로 다시 길 가라
하면 그림자 흘리지 않는 법 터득까지
물은 물소리만으로 길을 갈 테다.
그림자 짓지 않는 그림자 찾는 길에서
그림자만으로 살아가는 그림자 만나면
나는 내 그림자 다 줄 테다, 양식해라.

물방울종鐘

마음을 마음 아닌 다른 이물질이 점령하고 있어 아무리 초인종을 쳐도 마음은 나오지 않는다. 그 이름 밝히길 사양하는 어느 별이 숨 거친 자맥질하며 어둠이라는 시궁창 밖으로 타오르는 별빛 실어 나르고 있을 때, 풀잎은 어둠 한 음절씩 뱉어낼 때마다 종소리 내는 것 찾아서 잠들지 못하고 물방울 길쌈하기에 이른다. 그러므로,

초목의 시간은 인류의 시간을 뿌리 깊게 심어 길러온 것이다. 또한 인류의 시간은 초목의 시간에 의해 길러지고 자라나게 된 것이다. 그 법에 대하여, 한 번도 눈 감지 않고 헤엄친 별빛과 지구 끝까지 울려 퍼진 그 거친 숨소리를 씨줄 날줄로 하여 밤새워 길쌈한 증거로 풀잎에 맺힌 것 물방울이 하나의 종이 되어 뎅그렁거린다.

마음이 마음 밖에서 초인종을 치는 것이다.

써야 했으므로 쓴 시

그대를 감싸고 있는 것이 그대를 조이는가.
몹시 초조한 모습으로 서성거리는 나무여.
그렇게 프롤로그와 에필로그 사이
낀 바람소리여.
상처 입기 쉬운 껍질로 감싼 나이테
인생에게로 인생에게로
길 재촉하다 엎지른 것 자기 그림자
옴쓰라기 쓸어 담을 줄 아는
에필로그 나무,
에필로그 나무,
에필로그 나무,
뼛속에 심어 키울 때
시간이란 마법사는
프롤로그라는 숲을 지상에 꾸며주는 거라네.
그러므로 세상은 에필로그.
그러므로 세상은 프롤로그.
이것이 내가 가진 전부네. 이것이
내가 내 인생에게 바치는 노래 전부라네.

〈빨래 시퀀서*〉

내 내면을 좀먹는 파일 그 이름은 그리움이다.
연분이라는 옷들
숨겨 장치한 파일 속에서 나불나불 걸어 나온다.
그리운 마음은 찌든 빨랫감이다.
나는 걸쳤던 연분을 빨아 넌다, 그
아래에 친 내 밑줄 따라 옆걸음질 치는 허물들.
깊은 사색은 찌든 그리움 빠는 빨래터다.
야윈 육신은 그리운 몸부림 너는 빨랫줄.
그리움 빨기, 그리움 널기, 그리움 말리기,
생은 빨래라는 이름의 프로그램.
생은 진정 그리움 빨고 또 빠는 파일.
마음은 스스로 가두는 자를 가둔다,
식으로 개키고 억눌러 입력 저장된 것
그리움은 내면의 압축파일이다. 그러므로
그리움은 함부로 내뱉어 게시하는 것
아니다 아니다, 그 지극의 내면으로 찌든 그리움
질근질근 빨아 널어둔 후,
나는 생의 게시판에 새 파일을 게시한다.
마른 빨래로 젖은 바람의 몸부림 모자이크하기.

*2015년 국제무형유산영상페스티벌, 미디어 맵핑 이벤트.

영산강

여기가 물의 집인 건가.
물의 집이 여긴 건가.
물어 물어 영산강
떠오른 달의 눈길이
강물에게로 달려들어
저도 함께 흐르리라
수면에 드러눕는 것을
담양 담양 생각 끝에
잔잔 달빛으로 일으켜
가다 발병 나지 않게
실바람 곱게 입혀
저만치 앞장을 세우고
밤은 그 뒤를 따라
그러므로 흐르고
그러니까 흘러서
새벽에 다다르게 된다.
그리고 짐짓 메고 온
아침을 담양 담양
환히 털어 놓게 된다.
비로소 사랑인 것이다.

〈자축인묘진사오미신유술해〉 노점

그곳을 향해 몰려가는 마음은 바람 빠지기 전에 어서 어서 굴러야 한다. 나는 이동하는 것이다. 나는 이동함으로 존재하는 것이다. 그러므로 어떤 이름의 골동품 실은 손수레는 길 위의 부족인 것이다. 어지러이 부는 바람의 힘으로 숨을 쉰 어젯밤엔 겨우 작은 등불 하나 팔았다. 껌벅거리기도 버거워서 모든 별빛은 떨이해 버렸는데, 어두울 줄 밖에 모르는 밤이 작은 등불 하나 사들고 나를 찾아 나설 때, 실연이라는 슬픈 바람으로 충만한 바퀴는 애상의 변화가 속으로 밤바람 굴려야만 했다. 아주 조악한 골동품으로 손수레

가득 채운 그때로부터, 그 험난한 무게 무겁고 무거우나 고이 끌고 온 아픔이라는 바퀴 덕분에 오늘은 여기인 것인가. 그래서 나는 이동하는 것인가. 이동함으로 나는 존재하는 것이다. 그러므로 미혹의 귀가 얇은 밤길은 바람 빠지지 않고 굴러 굴러서 온 바퀴에게 비켜라 꺼져라 사라져라 하지 말아야 할 일이다. 흔적 남기지 않는 밤바람과 그의 흔적을 찾아 두리번거리는 작은 등불들이 벅찬 애상의 번화가 여기에서, 작은 등불의 힘으로 뛰는 심장과 어지러이 부는 밤바람의 힘으로 숨 쉬는 폐를 가진 손수레는 가짜로부터 온

〈

배신이라는 골동품 떨이해 버리고 말 것이다.

〈자축인묘진사오미신유술해〉 인형은 덤이다.

〈그러므로〉길

—담양 메타세쿼이아길에서

있어서 없고 없어서 있는 어떤 긴 손에 이끌려
담양, 담양, 걸어 〈그러므로〉에 도착해 있네.
맘껏 발자국 뿌려도 되는 곳 거기가 여기구나.
〈그러므로〉 여기구나. 나무들은 주악을 울려라.
한 고독의 흥이 저리도 길고 높네. 또 그러네.

덩굴손

신의 눈으로 보면, 지구는 거대한 외톨이 알이다.
해와 달이 밤낮으로 번갈아 나를 품어준다.
귀에 걸면 귀걸이, 코에 걸면 코걸이,
이 지상 꾸미기 위해
개가 개를 낳고 쥐가 쥐를 낳고 뱀이 뱀을 낳는
사이, 사람이 사람을 낳는다.
그런데 말이다.
사람이 한 줄기 식물에 갇히는 날
짐승들의 똥처럼 구구절절 흔적흔적 흘린
내 발자국들은 잎으로 진화할까.
뿌리는 안다.
사람인 내 이름은 담쟁이.
사람인 내 생은 한 번의 덩굴.
사람인 내 그리움은 덩굴손.
사랑하지 않으므로 사랑한다.
멀어지므로 쫓아간다. 그리움이
걸음 걸을 때마다 잎은 그 쪽으로 번진다.
이 거대한 외톨이 알로부터
부화하기 위해
그 쪽으로 그 쪽으로 줄탁
더듬이 뻗는 것이다. 내 일기 신이 훔쳐보고 있다.

어둠을 연금鍊金하다

가슴의 불 다시 태우고 또 태워야 달에 이를까.
파도라는 입술로 붉은 석양 오물거리는 바다.
저물어가므로 섬은 밖으로 떠도는 어둠
불러들인다. 물결 따라 흘러 다닌 일기日記
다 사르기 위해 불 모으는 등대.
어둠에 대해 잘 아는 석양은 불씨에 임한다.
가슴의 불이 어둠 터트리고 타오른다.
허무히 저물어 갔음으로부터 유래한
슬픈 사랑은 서쪽 끝에서 동쪽이 그립다.
그리움은 자발적 고독인 것. 고독은
스스로 써내려가는 어둠인 것. 어둠은
불의 이면인 것. 비로소 부르는 노래 불태우는
등대는 고인 어둠을 가장 잘 타오르는
가슴의 불로 연금鍊金하여 길눈
터득한 등 하나 빚어내기에 이른다. 저
달은 어둠 속 뒹굴수록 밝아지는 피를 갖는다.

3부

내 지갑 속으로 이사 온 모티브

모티브! 닫지 않는 그대 창 보았지요. 두꺼운 커튼도 무너뜨린 그대의 시선 끝에 지구라는 먹잇감이 내던져져 있는 터에 개밥바라기라는 별은 익어 빛나는 지라 질리지 않는 먹이 지구를 먹기 위해 개 같은 날들로 이빨 닦는가요, 모티브!

세 살 적 별은 아직 저 하늘에 떠 있을까요?

모티브! 타오르는 그대 눈빛 읽었지요. 어둠을 키워서 하늘 펼치는 별빛 느끼며 사유라는 줄에 꿰어 걸친 고뇌라는 목걸이 그 질긴 뫼비우스 띠 벗어 던져버리고 무릇 치열하게 빛 다투는 별들 보며 개밥 만찬 즐겨 볼까요, 모티브! 모티브!

또 다른 길

언제나 신은 내 노래 편이 아니었다.
마중 마음이라는 이름으로
이 길 저 길 또 길 다시 길 핥다
그들 가시에 찔리고 만 혀.
말미암아 빈 깃대처럼 곤두선 것
마음의 꼭대기 거듭 노래하건대,
인생이라는 길 위에 벗어놓은
신神의 뒤꿈치 물어뜯다
큰 뿔이 된 뻐드렁니
아파서 어린 왕자의 모자 속으로
숨어든 코끼리, 내 고독은 불룩하다.

아담의 책

흙이 물 될 때까지 사랑은 흙 다 벗으리라.

물이 흙 될 때까지 사랑은 물 다 벗으리라.

자아 작업

가까스로 눈물 넘어서면 피가 아팠다.
등燈은 뜨거움 가득 곪았을 때 등불 밝혔다.

네모 벽의 마음과 동행하기 위해
네모 눈 부릅뜨고 그를 쫓아다녀야 하는 창.

붕붕거리는 날개의 과열로 바람이 솟는 날
나는 그 집을 생략했다.

흥건한 우울 찾아내고 그 늪의 기억상실증
바람인 것이게 나는 나를 작업했다.

붉은 한숨

너무 만지작거렸더니, 가출해버린 느낌표.
붙잡기 위해 달려가는
다리가 하나뿐인 붓은 온몸 전봇대.
비탈길 그으며 귀가하는
늙은 시인의 비실대는
걸음에게 바칠 빵 굽는 석양. 저 붉은 한숨.

찔레꽃과 나와 새

울려 퍼질 것이다. 저 공중이 찢어진다
하더라도 내 소리는
날개 젓고 저어 휘저어 세상에서 가장 아름다운 노래에 당도할 것이다.
가시 숲 속에 모여 웡웡거리는 찔레꽃잎 음표들 내 계음들. 그런데

내 소리가 아직
내 부리 벗어나지 못하였음인가. 저 새가 이 새 업어주지 않는 것이다.
하지만 그 목청 비틀어서라도
새벽이 나 들쳐 업고 내 노래까지 날게 할 것이다. 부르다 음표가 바닥날지라도
나는 부를 것이다.
내 소리가 무관심한 새벽의 목청을 비틀어 새벽종이 우는 그날,

온갖 슬픔이여, 나를 찔러오라.
그대의 지독한 가시로 나를 찔러오라.
그대가 나를 찔러주면

나는 꽃으로 피어날 것이다.
그대가 나를 더 지독하게 찔러주면
나는
가시를 아주 상냥하게 맞이한 꽃으로
그대 한가운데 피어날 것이다.

때문에,

저 새가 이 새 업어주지 않는 것인가.

아니다. 아니다. 아니다.

냉혹하게 찔러오는 슬픔으로부터 날개 치며 떠올라
저 공중 젓고 휘젓는 한 곡의 소리 그
놀랍고 아름다운 노래가 되고도 남을 것이다.

내 계음은, 가시 숲으로부터 솟아올라 울려 퍼져나가
는 찔레꽃잎 음표들이다.

번져가라, 나는 내가 가진 소리 전부를 튼다.

잡상단상[雜像斷想]

*

별들이 고양이 눈동자 구석구석 박혀 반짝인다.
내 안의 불덩어리가 뿔뿔이 번진 것이다.

*

별이 반짝거리는 것은 통증을 정미[精米]하는 중.
내 본능은 통증을 정미하여 양식으로 일용한다.

*

아니라고 말할 틈도 주지 않고 주룩주룩
검은 비가 온다. 눈물이 행동하는 것이다.

*

숨은 통점 깨우는 빗소리, 슬픔이 흥건해진다.
피가 아픈 비둘기는 어느 전깃줄에 기댔을까.

*

슬픔은 구경 잘 마치고 무덤으로 되돌아갔는가.
슬픔은 그곳에서 길 잃고 떠돌지 않겠지.

화석통감化石痛感

화석에서 태어난 공룡은 화석을 먹어야 산다.
곧 엘리베이터 타고 올 공룡을 위해 차려진 밥
용머리길 194번지는 즐비한 화석 마을이다. 느린
계단을 짚고 짚어서 날갯짓에 이르는 일벌들은
날개 자국이 위로 위로 층층 수직으로 쌓인 것
이 아파트를 벌집이라 부르지 않는다. 그럼에도
너무 오래되고 낡아서 허물 벌집인 것이다 하고
그 표시로 층층마다 녹과 이끼 덧칠하는 화석.
죽어서 발자국 남겨야 하는 화석의 나라에서
재개발이라는 공룡이 인간과 그 꿈을 지배한다.
용머리길 194번지가 그 진화론으로 타오른다.
이 화석 밖으로 날아갈 궁리 윙윙거리는 일벌들,
컵라면 아침에 근심의 침을 깊숙이 꽂은 채로다.

어물전

내 사랑 아직 썩지 않았다 외장치는 냄새
비린내로부터 사람의 길이 열리고
바람은 냄새의 창 키우며 분다.
사람이라는 칼에 베인 상처가 소금
껴입고 자신의 아픔 전시하고 있을 때
파리는 비린내와 비린내 사이를 날며
상처 속에 낀 아픔의 농도를 잰다.
상처의 크기는 풍기는 냄새의 크기.
냄새 외장친다는 것은 존재한다는 증거.
내 비린내가 내 삶을 지지하는 한
이 세상은 내 상처 사 먹어주어야 한다.

다도해에서

저 점마다 한 통 편지, 누가 다 쓴 것인가?

마침표 찍을수록 건너가기 수월한 법이라고
섬들 징검징검 던지고 사라진 당신.

떠넘긴, 저리도 수두룩한 징검다리
만지작거리고만 있어야 하는 내 말없음표.

당신의 마음은 진정 징검돌이었단 말인가?

성찰[省察] 길쌈하기

어린 나와 늙은 나 사이에서
길이 길과 마주쳤다.

눈길이 꽃길을 핥아먹었다.

너무 핥는 바람에
모서리가 다 닳아버린
민들레꽃송이들.

굴러가기 편리하게
둥글어진 저 마음의 바퀴들.

봄 쇼크

그러므로 그러므로 그러므로 내던져진 존재다,
떨어진 존재다. 그러므로 그러므로 그러므로

나는 코로 숨을 미안하게 쉬어도 동물이고
입으로 울부짖음 죄스럽게 삼켜 봐도 동물이다.

생존이란 이름으로 사냥하러 가는 길 내기 위해
걷어찬 자리에서 풀꽃이 구구절절 타오르는 날

버르장머리 나쁜 발톱 끌고 나온 동물은 제
등 뒤에서 초록 길쌈하는 새소리에 귀가 먹는다.

내 마음은 〈야옹 찬가〉를 사육한다

여기가 땅이다. 불어라 불어라 그러므로 불어라,
흙바람 타고 상하지 않는 별빛 양식하며 가라.
그렇게 노래 부르면 땅에 뜨는 별이 있다.
허기에서 허기로 왔다리갔다리하는 노래가 있다.
떠도는 울음소리 따라서 별들이 반짝거릴 때마다
비극이 눈물을 사랑하므로 슬픔으로부터 추수한
눈물을 정미하여 생존의 양식으로 일용하는 노래.
불어라 불어라 그러므로 불어라, 비바람 타고 와
낮고 또 낮고 낮으나 고고한 품위로 땅에 뜨는
별. 고고함이 지극하면 도도한 것인가. 그런 것
—이다. 빛나는 굶주림에서 온 선비, 길고양이.
긴 노래가 들어찬 심장에 등불을 켜야 하는 이유.

살아가는 이유에 대하여

입술이 꼭 물어줄 때 내 문장은 살아가리라.

날갯짓으로 그려낸 갈매기의 W가 외길 달구며 그 여자의 가슴 앞까지 바다를 끌고 갔는데

(문文은 문門 닫아버린 지 오래, 그런데 대체)

어떤 바람이 그 여자의 잠자는 바다를 주물럭거려 이토록 파도 일어 치게 한 것일까. 부활

발기勃起한 내 문장 만나 물이 바람난 것이다.

죄송, 죄송, 용서하고

자동차길가에 흘리고 간 한 토막 걸음이 있다.
다른 길과 그 바람 만났기 때문일 터,
발이 빠져나간 후 그의 걸음은 가죽만 남았다.
아무렴 그렇지 그렇고말고.
떨어진 발등의 불에 검게 그을린 발자국
그래서 걸을 수 없는 구두 한 짝. 그 곁에서
자기 그림자에 쏘여 사지가 마비된 전봇대.
—누가, 언제, 어디서, 무엇을, 어떻게, 왜—
걷다가 저리된 것인가.
죄송, 죄송, 용서하고 풀잎은 바람을 노래한다.

저절로 그러함에

그대의 작별이 휩쓸고 간 사랑의 폐허에서
눈물이 영화로운 인류가 눈뜬 이래
저절로 넘쳐나는 것 그러한 것 또 그런 것
그리움은 영원히 저장되고 싶은 거다,
그대로 될 것이다, 태양은 눈동자,
그리 함께 타는 동안, 그 눈물은 얼마인가.

저 다음 세상에선 말이다,
눈물이 돈이다
눈물이 돈이다, 그러므로

가난에 대해 눈뜬 이래 저절로 넘쳐나는 것
눈물이 눈동자를 흥건히 결박하므로
태양이 우주를 열고 도망치지 못함
본다 보고, 쓴다 쓰고, 읽는다, 읽고 운다,
눈물은 영원한 방부제, 그러므로
눈동자에 저장한 그대는 썩지 않는 것이다.

4부

블랙커피

오늘은 컹컹 걸어서 어느 쪽 쫓아갈까.
한 새벽, 한 늙은 블랙리스트가
개기일식당한 검은 태양을 곱게
갈아 뜨거운 눈물에 타서 마신다.
오늘 탕탕 날아가서 새들 집 두드리리.

찢어지게 가난한 어느 가마니의 노래

저 늙은 우주가 해체해버리려 하는 것은
무엇일까. 그것은 선천적 위장술의 혀를 가진 뱀 가죽일까. 그것은
불순한 탁란을 온몸으로 키워내는 어느 새의 애틋한 한 소절 노래일까. 아니면,
그것은 비물질적임의 서정 속으로 귀의해버린 별의 빛일까.

수많은 비어와 속어 터득한 이파리
군중 속에서 직립보행 발굽소리 고수해 온 파열음의 바람 한 줄기 어찌 허물고 보았을 때,
경계심이란 것은 안과 밖이 불투명하도록 차단한 막 자기 보호의 포장일 뿐인 것이다.

그것은 이기심이라는 곳간의 종이벽
이라고도 할까. 오랜 추구 서사적 물질의, 그 선천적 알고리즘의, 미주알고주알 조립한 페이지의,

그 언어들에게 빛나는 표지 입히면
책은 돌덩이보다 무거운 것 된다. 보아라. 그런 날들 따로 데리고

한 고뇌는 카타르시스의 난간에 아스라이 걸터앉아 찢어지지 않는 의식적 고집으로

팽팽한 것 비물질적임의 씨줄과 또한 그러함의 짱짱한 날줄 엮는다. 짠다.

그 안에 알고리즘의 밤은 별빛을 사재기,

포개고 누르고 겹치고 엎치고 덮치고 누르고

쟁인다. 그러나 그것은 줄줄 샌다. 그럴수록 그것은 더더욱 빠져나간다.

그지없이 그지없다.

서사적 조급함으로 질주하는 물질문명 그들 앞에 결코 얼굴 내밀지 않은 것

비물질적 서정들,

유성의 비행 도모하는 그 가사[歌詞].

그러므로 나는 별이다. 그, 그의 그.

〈야야 바람이 분다〉를 지나서

참으로 꾀죄죄한 냄새의 세계 더튼 것
엉터리 바람에 의해 상한 꽃망울
냄새 접고 바람 접는 망각의 두루마리로
구르고 뒹굴어서 2017년 가을,
우주에서 모국까지
지주[地主] 행세하는 오만한 바람 안에 들어
상관없이 착한 주빈[主賓] 노릇하는
향기 나는 열매 맺힌 과일나무 아래
새로 가꾼 정원의 나이 2세인 조각상이
반달 모양의 중절모를 쓰고 그저
바람을 위한 바람으로 그렸던 비망록
2002년을 조곤조곤 베어 먹고 있다.
..........아 쓰다........그리고 달다.

그대는 불쏘시개

"누가 내 잠재적 연정에 불을 지를 것인가?"

(사이) 내 가슴으로부터 가출한 꽃봉오리들이 걸음 발치마다 희끔 호롱불 들고 나타난다.

"입술에 꽃을 문 속삭임은 불의 밭 내 가슴팍에 어서 올라 메밀메밀 타오르라."

(사이) 이제는 꺼지지 않음의 별천지로부터 은하의 발화發火가 한꺼번에 쏟아져 내린다.

"오오, 활활 연정의 불쏘시개 그대 메밀꽃!"

한낮의 금지곡

딴 달빛 품었다는 어떤 반달 찾아서 길 가다, 강둑 갈대에게 치인 뭇 바람이 강의 기슭에 추락하여 잔물결로 파닥거리는데 강은 갈대의 둑을 따라 흘러갈 뿐이다. 그럼에도 기슭의 파닥임이 계속되자 강은 갈대의 그림자로 그 잔물결을 묻어버린다. 그런 낮이다. 그런 낮이므로 〈반달〉은 금지된 노래라는 것이다. 강의 그때에 나와서는 안 되는 것임에도 불구하고 낮에 나온 죄이며, 불쑥 낮에 나와 강의 흐름을 비춘 죄라는 것이다.

섬은 밥이다

1장

달이 바다와 합방하여 잉태된 것 섬은 내 태[胎]다.

2장

그러므로 그러므로 생겨난 것이어서 그러므로
바람이 요철 짓는 버릇 자유로이 그리는 동안,
신은 날뛰는 모든 홀소리 닿소리들을 저 가운데
굶주린 상어 떼처럼 풀어 그들이 요철 낚는 동안,
긴 신음 바다의 문장이 인 물결 그물질하는 동안,
한가지인 하늘은 궁륭이 휘도록 새파랄 것이다.

3장

내 섬은 굶주린 파도 위해 차린 작[作] 고봉밥이다.

단,

그대 마음은 온갖 물결 짓는 조각도인 것이고
내 숨의 근원인 공기는 형상을 짓지 않는 것이다.

그렇다, 대답할 수 있는가

자유는 그대의 천생연분이다. 그 노래
다시 듣기 위한 방편으로
그대 영혼이 그대 육신 소환할 때
음악이 악기 추궁하듯
그대 인생은 그대 마음 심문할 것이다.
이 생존이라는 바다에서
너무 불규칙하고 거칠고 번잡한 것
많은 파도 때문에
그대는 인생이라는 배가 불안하리라.
그래서 바다가 배에게 묻는 바
이 험한 세상 노 저어가는
그대의 영혼은
진정, 진정, 자유 연주하는 악기인가?

요상한, 삽화

냄새 나는 부위 도려낸 자리 도심 공원에서
55세 어린 왕자의 백발과 백목련 봉오리가
하얀 개화 먼저 허락 받기 위해
봄날을 사이에 두고 완강한 실랑이 벌인다.

그 사이,

좋은 껍질 한 벌 걸쳐 입기 위해, 나이테는
나무줄기와 그 그림자로 씨줄 날줄 길쌈한다.

그 사이,

유명 로토복권 가게로 가는 길에 모여 있다.
쥐구멍에도 해 뜰 날 있다를 믿다가 지쳐
직접 태양 잡으러 달려 나온 쥐구멍들,
같은 주차들, 그 바퀴들, 저 바람 봉오리들.

해무

55세 어린 왕자의 별이 절해고도 섬 될 때까지
자기 밖으로 단 한 발짝도 허락하지 않는 당신.

가득 서린 간밤 달빛이 녹지 않고 그대로인 것,
이 짙은 감시, 섬이 바다를 다 마셔버릴 때까지.

거미와 나비와 시인

생식하는 언어의 거미로부터 온 육신 그 삶이란 핏줄과 핏줄로 짠 그물을 펼치는 것이라고 세상이란 바다에게 선언하면 지극히 촘촘한 언어의 그물로부터 온 생애 그 가쁜 일기는 뜨거움으로부터 솟구침까지 타오를 피 굶주림에 천년 묵은 흡혈귀의 심장을 찾아서 투망질하는 것이다.

물결이 물결을 할퀴는 험한 투망의 바다

지나서 잠 깬 날 오직 반짝거려대던 제 빛에 타 죽은 별들의 최후가 한 방울 이슬 문장紋章으로 풀잎에 내걸리게 되므로 오로지 목적지 쪽으로 향하던 제 날개에 치어 죽은 나비가 간밤의 별 하늘에서 구름으로 부활하길 기도하며 거미는 수를 놓고 수를 놓고 그 거미줄에 묻히는 것이다.

■□ 해설

마음우주의 길트기

신진숙(문학평론가)

송과니 시인은 마음우주 한가운데서 시를 쓴다. 길을 찾는다. 그러나 마음의 길은 헤아릴 수 없다. 별들에게 검은 우주가 그러하듯, 마음 사방이 막막하다. 어디로 가고 무엇을 위하여 존재하려 하는지 알지 못한다. 마음을 정확히 측정할 산술법이란 이 세상 어디에도 존재하지 않는다. 마음이란 그 자체로는 부피도 무게도 없기 때문이다.

그렇다면 우리는 어떻게 마음이 존재한다는 것을 알 수 있을까. 그것은 마음이 머물러 있지 않기 때문일 것이다. 마음은 흘러가는 순간의 존재, 바람 같은 것이다. 멈추어 움직이지 않으면 더 이상 바람이 보이지 않듯, 마음도 그렇다. 마음이 느껴지는 것은, 그것이 마음 밖으로 나와, 어딘가를 향해 나아가기 때문이다. 처음 기거했던 존재의 집을 탈출해 다른 어딘가로 이동할 때, 마음은 제 모습을 드러낸다. '이동하고 흘러감'이라는 이 마음의 향성(向性)이 마음의 존재를 증명한다. 만일 흘러감을 거두어들인다면 마음은 본래의 힘을 잃고 병이 든다.

그렇게 본다면, 생명을 살아 있는 존재로 만드는 것 또한 마음일 것이다. 마음의 유연하고 자유로운 흐름은 생명의 생명다움을 의미한다. 송과니 시인에게 마음우주가 곧 생명의 우주인 것은 그 때문이 아닐까. 마음은 언제나 이미 다른 마음을 향해 간다. 그리고 새로운 무엇인가를 태어나게 한다. 식물이 대지의 마음속에서 길을 내고 끊임없이 무언가를 키워내듯, 자기 자신이 아닌 다른 존재에게로 향한다. 시인은 이 오래된 무한한 마음의 흐름을 읽는 자이다. 마음이 흘러 다니는 길 한가운데 서서 사물과 풍경을 다시 읽어 들인다. 어디에서 시작되는지 알지 못한 채, 다만 어딘가로 향해가는 마음을 시인은 특별한 감각 속에서 포착한다. 서정은 바로 이 마음의 흐름을 감지하는 언어일 것이다.

우리가 만나려는 송과니 시인의 서정이 그런 출발점을 갖는다는 것은, 그의 시가 마음의 서정에 충실하다는 것을 의미한다. 존재의 안팎을 오가며 시인이 만들어낸 마음의 풍경과 그 향방이 우리 시대의 마음을 읽어내는 하나의 창이 될 수 있을지 궁금하다.

마음의 향성(向性)

송과니 시인은 자기 자신이 세계로부터 은둔하면서 동

시에 방랑을 꿈꾼다는 것을 깨달으면서 시인이 된다. 송과니 시인은 그 자신을 일컬어 "바람인 것이게 나는 나를 작업했다."(「자아 작업」)라고 말한다. "바람 한 쌈지 옆구리에 찬"(「나그네를 위한 서곡」) 시인에게 방랑은 본질적이다. 방랑의 힘은 미풍만으로도 다른 곳으로 날아가려는 의지를 지닌다.

기실 그것은 시인으로서의 삶이 시작되는 보편적인 경로이기도 하다. 시인은 자기 안에 머물러 있기를 간절히 바라는 동시에 자기 자신을 벗어나 다른 존재에게로 전이(轉移)되기를 원하는 자이다. 나의 삶으로부터 시작하지만 언제나 이미 다른 누군가와 교감하려 한다. 이것은 서정이 두 개의 모순된 향성(向性)을 지니고 있다는 것을 말해준다. 안으로 침잠하여 은둔하려는 마음의 향함과 그것을 뚫고 밖으로 나아가려는 방랑의 힘이 공존하는 것이다. 그러나 시인에게 이 모순은 파국이 아니라 시의 출발점이다. 나에게로 향한 내성(內省)의 시선과 밖을 향한 공감의 욕동들은 두 개의 서로 다른 개별성이면서 동시에 근본적으로 하나인 마음의 동심원을 형성한다. 송과니 시인에게도 시적 시선은 언제나 이미 그렇다.

가령 송과니 시인은 "나는 이동하는 것이다. 나는 이동함으로 존재하는 것이다."(「〈자축인묘진사오미신유술해〉노점」)라고 말한다. 그런데 그의 그 말은 "흥건한 우울 찾아내고 그 늪의 기억상실증/ 바람인 것이게 나는 나를 작업했다."(「자아 작업」)라는 내적 고백과 함께 읽어야만 한다. 세계를 향해 이동한다는 것은 나라는 '자아'의 내면을 만드는 것과 분리되지 않는다. 시적 내면이 존재할 때, 비로소 시인은 바깥의 세계와 만날 수 있다. 시적 풍경이란 결국 시인이 자아와 세계, 내면과 외부를 수없이 오간 흔적이라고 말할 수 있다.

시인은 이러한 마음의 오고 감에서 '꽃'이 피는 이유를 찾아낸다. 이를테면 그것은, 마음의 '개화(開花)'일 텐데, 「기차가 오지 않을 때」에서 잘 나타나 있다.

아니다, 향한, 매일 개화는 집착이 아니다.
갔음과 다시 올 것임 사이
그 여백이 아름다운 철길 위에서
달의 본명은 그리움,
그리움의 개명은 기차.
어제 다음날 하루 전까지
달은 휘파람 불면 나타나는 하나의 음표였다.
그러나 철길은 연주를 멈추었다.
침목이 된 발자국들.
자갈들이 된 빠진 발톱들.
사랑이 자기를 초대해 주지 않아서
스스로 초대되어 사랑에게로 기차는 길 떠났기
때문이다.
너는 가는 손에 하나의 외길 꼭 쥔 것이고,
나는 다른 하나의 외길
오는 손에 모름지기 움켜쥔 것이구나.

그러므로 음표 하나로 빈 철길 연주하기 위해
달이 뜰 것이다. 여백 속으로
초대된 불. 여백에 붙은 불.
저 한 송이 개화가 기적을 울릴 것이다.
내일 다음날 하루 전에
갔으나 다시 올 것임으로 비어 있는 철길
위에서 내 음표는 휘파람 불며 기차 기다린다.

–「기차가 오지 않을 때」 전문

풍경은 사물의 개시(開示)이자, 마음의 표상이다. 풍경의 깊이는 사물과 마음 사이의 '주고받음' 혹은 '오고 감'의 반복 속에서 생겨난다. 따라서 깊이는 곧 이쪽과 저쪽 사이의 무수한 주름일 것인데, 시인과 사물 사이에 수없이 오고 간 마음의 흔적이 풍경에 깊이를 더한다. 그러므로 시적 풍경이란 시인과 세계 사이의 끊임없는 교류 그 자체이며, 거기서 만들어지는 상호주관적인 내면의 풍경이 곧 시(詩)라고 말할 수 있다.

하지만 이 같은 오고 감이 반드시 시인 고유의 작업이지는 않을 것이다. 그것은 세계–내–존재로 살아가는 우리 모두에게 해당된다. 그렇다면 시인의 시선을 특별하게 만드는 것은 무엇인가. 아마도 그것은 무수한 반복이 만들어내는 '차이'일 것이다. 가령 시인은 사물의 이름을 원래의 이름과 다르게 명명하거나 다른 방식으로 느낌으로써 일상세계 안에 다른 세계를 구축하곤 한다. 종래의 일상적인 공간 위에 다른 세계에 대한 상상을 겹쳐놓는 것이다.

그 점에서 송과니 시인에게 시적 풍경은 일상의 풍경과 떨어져 있지 않다. 다만 이 두 개의 서로 다른 풍경이 일정한 간격 속에 존재할 뿐이다. 일상의 삶은 비본래적인 영역으로, 시인이 '아니다'라고 부정하는 공간이다. 그리고 이러한 부정은 시인이 또 다른 풍경을 '향하'도록 만드는 원인이다. 세상을 부정한다는 것은 다른 세계를 상상한다는 것과 분리될 수 없다. 시인은 두 세계 사이를 끊임없이 오간다. 시적 풍경은 이러한 일상세계에 대한 '부정'과 새로운 세계를 향한 긍정 사이에서 현실을 재구성한다.

'꽃'은 바로 겹쳐진 두 세계 사이에서 피어난다. 현존재는 현재를 탈출하여 과거로 나아가고 동시에 미래로부터 현재 안에 도래한다. 존재의 '꽃'은 "어제 다음날 하루 전까지" 기다린 후에야 '개화'한다. 여기서 꽃은 서정 자신이라고 해도 무방할 터인데, 그것은 꽃이 자아의 "집착"을 멈춘 자리에서 피어난다는 것을 암시한다. "갔음"과 "다시 올 것임"을 향한 마음의 향성이 현존재를 하나의 의미 있는 실존으로 만들어가는 것이다.

따라서 시간의 흐름에서 본다면 현존재의 자리는, 현재가 그 과거나 미래로 나아감 혹은 향함이라는 점에서, 본질적으로는 텅 빈 '공백'이 된다. 존재 자체는 시간적인 존재이며 어제는 오늘에게, 오늘은 내일에게 끝없이 자리를 내어주기 때문이다. 영원히 고정된 존재는 존재하지 않으며, 유동체로서의 존재만이 존재하게 된다. 존재의 장소가 부재의 장소이기도 한 것이다. 하지만 시인은 이러한 텅 빈 존재의 자리가 단지 텅 빈 공간은 아니며 그것은 언제나 이미 존재했거나 도래할 누군가의 자리라고 말한다. 근본적으로 공백인 존재의 풍경이 존재의 "여백"이라는 말은 그런 맥락이다. 시인이 존재의 풍경을 '음악'으로 표현한 것도 그 때문이다. 음악은 존재하지만 만질 수는 없다. 존재하면서 동시에 부재하는 이 '시간의 흐름', 비물질적이면서 그 자체로 존재하는 것인 "음악"이 곧 생의 본질적인 차원이라고 말하려 하는 것이다.

송과니 시인이 생각하는 서정의 의미 또한 이 언저리에서 시작된다. 즉 서정이란

> 서사적 조급함으로 질주하는 물질문명 그들 앞에 결코 얼굴 내밀지 않은 것
> 비물질적 서정들,
> 유성의 비행 도모하는 그 가사 (「찢어지게 가난한 어느 가마니의 노래」)

라고 해야 할 것이다. 시인이 서정을 문명의 대척점에서 사유하는 것은 지극히 자연스러운 일이다.

마음의 줄탁

시인은 "날개 젓고 저어 휘저어 세상에서 가장 아름다운 노래에 당도"(「찔레꽃과 나와 새」)하는 순간까지 이 향함을 멈추지 않는다. 그러므로 하나의 존재가 "있다 있다 있다 있다 또 있다"(「막 흘리기」)라고 말하기 위해서는 향하고 또 향하지 않으면 안 된다. 이러한 생명의 향함을 표상하는 가장 대표적인 존재가 바로 '바람'이다. 시인이 스스로를 바람이라고 상상하는 것은 그 때문이다. 그렇다고는 하나, 한 마음이 다른 마음과 호응하는 그런 사건은 어떻게 가능한 것일까. 마음의 향성은 어떤 작용 속에서 다른 마음들과 만나는가.

> 어제 다음날 하루 전에 '향하여'로 빽빽한
> 풀잎줄기 밀림을 두 발바닥으로 지나서
> 오늘 다음날 하루 전에 '또 향하여'로 즐비한
> 풀꽃 광야에 두 발바닥 짚으며 접어들어
> 가만히 누워 있을 때, '향하여 또 향하여'
> 너무 불어서 지친 바람을 하얀 별들 기워 만든
> 이불 포근히 덮어주며 기도 중얼거리는
> 은하수의 음성이 희끗희끗 들려오는 것이다.
>
> –「담양 수첩 1」 전문

시인은 "풀잎줄기 밀림"이 "향하여"로 빽빽하다고 말할 때, 그것은 생명 자체를 '향성'으로 이해하는 시각이다. 이때 향함은 시간적 흐름과 공간적 나아감으로 표상된다. 시간적으로 현존재는 "어제"에서 "다음날"로 무한히 '향한다'. 공간적으로는 "두 발바닥으로 지나서" 어딘가로 나아간다. 가만히 누워 있을 때에도 현존재는 "향하여 또 향하여" 나아가는데, 그것은 모든 생명의 생명됨이기도 하다. 자기 자신의 현존재를 벗어나 과거로부터 미래에로 끊임없이 나아가는 것, 그것이 생명의 향성이다. 담양에서 시인은 바람의 흐름을 짐작하며 별들의 운행을 예상하듯 마음의 향방을 기록하고 있다.

그런데 여기에서 중요한 것은, "너무 불어서 지친 바람을 하얀 별들 기워 만든/ 이불 포근히 덮어주며 기도 중얼거리는/ 은하수의 음성"이라는 대목이다. 은하수는 물론 가상의 존재이겠지만, 그보다 중요한 것은 '존재의 향함'이란 홀로 되는 것이 아니라는 것이다. 내면에서 시작된 '향함'과 바깥에서 안으로의 향함, 이 두 개의 향성이 존재해야 하는 것이다. 이를테면 그것은 새가 알에서 태어나기 위해 안과 밖의 줄탁이 필요한 것처럼, 존재의 나아감 또한 그런 과정이 요구된다. 말하자면 시쓰기는

> 이 거대한 외톨이 알로부터
> 부화하기 위해
> 그 쪽으로 그 쪽으로 줄탁 (「덩굴손」)

인 것이다. 만일 그 누군가 마음의 문을 두드려 호명하지 않는다면, 마음은 마음 밖으로 나올 수 없다. 따라서 공감의 영역 또한 발생할 수 없다. 시는 이 마음의 닫힘으로부터 마음 자체를 풀어 바람처럼 이동하게 하려는 언어의 요청이다.

나무의 마음 연일 두드리고 있을 때
간직한 아픔의 어떤 무늬도 들키지 않으려는
숲 공기는 내
까만 그림자를 햇빛으로 표백하고 있었구요. (「숲길」)

마음은 문명이 가두고 감추었으나 사라진 것이 아니다. 하여 송과니 시인은 멈추지 않고 마음을 발견하고 듣고 이야기하면서 진정한 자신의 마음을 찾아 가려 한다. 시인이 물질문명을 마음의 향성으로 다시 쓰려는 이유 또한 여기에 있다. 시인은 이 보이지 않는 마음의 흐름을 다시 시작하라고 줄탁을 한다. 결코 쉬운 일은 아니다. "마음을 마음이 아닌 다른 이물질이 점령하고 있어 아무리 초인종을 쳐도 마음은 나오지 않는다."(「물방울종」) 나무가 간직한 아픔을 쉽게 내어놓지 못하는 것처럼. 그러므로 중요한 것은, 자아로부터 탈출하여 세계를 향하는 마음과 세계로부터 자아의 마음속으로 향하려는 마음들 사이의 교감을 멈추지 않는 것이 무엇보다 중요하다. 시인이 할 일은 자신이 가진 "소리 전부"를 트는 일이다(「찔레꽃과 나와 새」). 온 마음을 다할 때 마음은 다른 곳으로 향함이 가능해진다.

시인이 종종 서정을 일컬어 "길쌈"이라고 표현하는 것은 바로 이러한 맥락이다. 자아와 세계가 쉼 없는 상호작용 속에서 마음의 텍스처(texture)가 만들어진다. 시의 문장들은 바로 이 마음의 텍스처, 자아와 세계의 길쌈이 만들어낸 마음의 문양인 것이다.

그런데 이러한 마음의 줄탁 혹은 길쌈은 시간적인 것과 공간적인 것이 동시에 일어난다. 즉, 나는 나의 과거와 미래를 줄탁한다. "어린 나와 늙은 나 사이에서/ 길이 길과 마주쳤다."(「성찰 길쌈하기」) 동시에 마음의 길쌈은 나와 타자 사이에서 발생한다. 나와 근접한 세계와의 마주침과 관계 맺기를 반복하면서 관계론적인 마음의 영역들을 넓혀간다. 가령 시인은 나비와 거미의 모순된 사랑을 이야기한다.

> 죽은 나비가 간밤의 별 하늘에서 구름으로 부활하길 기도하며 거미는 수를 놓고 수를 놓고 그 거미줄에 묻히는 것이다.(「거미와 나비와 시인」)

시인은 이러한 나비와 거미의 모순된 관계들을 시적 풍경 속에 길쌈해낸다. 자아와 세계, 안과 밖이라는 경계 또한 결정적인 것은 아니라는 것이 드러난다. 줄탁의 과정 속에서 마음들은 결국 서로 얽혀들어 하나의 문장으로 다시 존재하게 될 것이기 때문이다. 시인이 스스로를 "나비로 안에 들어앉기 갈망하는 하나의 밖./ 나비로 밖에 나앉기 욕망하는 하나의 안."(「서랍 밖으로 도망친 나비」)라고 묘사한 데에는 그런 까닭이 있는 것이리라. "마음이 마음 밖에서 초인종을 치는 것이다"(「물방울종」). 결국 마음의 향성이 서로 다른 마음들을 직조하고, 서정은 이 직조의 결과라고 말할 수 있을 것이다.

마음의 식목(植木)

송과니 시인은 이러한 마음의 직조 과정을 '유한'과 '무한' 사이의 얽힘으로 이해한다.

> 모티브! 타오르는 그대 눈빛 읽었지요. 어둠을 키워서 하늘 펼치는 별빛 느끼며 사유라는 줄에 꿰어 걸친 고뇌라는 목걸이 그 질긴 뫼비우스 띠 벗어 던져버리고 무릇 치열하게 빛 다투는 별들 보며 개밥 만찬 즐겨 볼까요, 모티브! 모티브!(「내 지갑 속으로 이사 온 모티브」)

마음이란 얼마나 무한한 과정인가. 뫼비우스의 띠처럼, 무한하다. 그 마음의 무한성이 곧 송과니 시인이 생각하는 시의 모티브이며 출발점이다. 하지만 시는 결국 이 무한한 마음우주에서 길을 내는 과정이다. 시적 길트기란 마음에 구체를 더하는 것으로, 사물의 "만찬"에 참여하는 작업이다. 시인은 물질적인 것과 비물질적인 것을 동시에 서정의 내부에 길쌈해내려 한다. 마음의 줄탁이란 어떤 면에서 무한과 유한을 변증하는 과정이라고도 할 수 있다.

> 저 환한 눈물방울 내 슬픔은
> 안의 밖이고 밖의 안인 것,
> 안이 될 때 꽃이 피는 밖이면서
> 밖이 될 때 그야말로 꽃을 피우는 안인
> 그 이름.
>
> 내 나비는 비로소 날아오르고,
> 거미줄이라는 이름의 어둠은 녹아 흘러내린다.
>
> 슬픔의 바깥, 연주하는 음악은 새벽이다.
>
> －「서랍 밖으로 도망친 나비」 중에서

안과 밖의 줄탁이 아니고서는 진정한 마음의 길쌈을 이뤄낼 수 없다. 하지만 마음의 직조 과정은 결코 단 한 번 존재하는 것이 아니다. 그것은 영원히 생성의 과정 속에 놓여 있다고 해야 할 것이다. 시인이 생명의 본질을 마음에서 찾고자 할 때, 그것은 바로 이러한 마음의 과정성 때문이다. 마음의 운동은 그칠 줄 모르는 것이며, 다른 생명이 태동하는 것은 바로 이 그침 없는 마음의 흐름 때문이다. "꽃"은 바로 이러한 마음의 직조 속에서 태어나는 새로운 마음의 문양이라고 할 수 있다. 꽃이 피는 이유가 곧 서정이 이 세상에 존재하는 이유라고 할 수 있지 않을까. 마음은 생명의 중심이며, 생명은 모든 마음의 유영 속에서 태어나 살아간다. 가령 "인류의 시간은 싹으로부터 솟아나와 열매에게로 흘러가는 것 그 문장이라고 대지는 말한다"(「읊건대」).

결국 시인이 생각하는 마음의 흐름은 어딘가에서 그 마음이 뿌리를 내리고 자라나 싹이 트고 또 꽃을 피우는 유기체와도 같은 것이다. 그것은 마음이 생명을 생명이게 하는 '생명됨'이면서, 눈에 보이는 구체적인 생명체로 존재한다는 것을 의미한다. 마음이 생명의 본질임과 동시에 구현이라는 말이 될 것이다. 바꾸어 말하면, 생명을 가진 모든 것 속에 마음이 존재한다. 마치 음악이 눈에 보이지 않지만 내 몸의 감각들에 전달되는 것처럼, 마음은 보이지 않지만 보이는 세계 없이는 존재할 수 없다. 그래서 시인은 "노래 속에 내 악보와 함께 잘 심어 주리라."(「블랙리스트」) 말하는 것이다.

그러나 마음은 하나가 아니다. 슬프고 아픈 것일 때도 있고 밝고 행복한 것일 때도 있다. 중요한 것은 거대한 마음의 무한에서 유한한 마음을 성찰하는 것이다. 어떤 마음이어도 어딘가에서 돌고 돌아 꽃이 되기도 하고 나무가 되기도 한다. 나비와 거미로 태어나기도 하는 것이다.

또한 마음은 혼자가 아니다. 생명이란 그 모든 마음의 물화이자 흐름의 연쇄 속에 존재한다. 나의 마음이 생겨난 것은 그 곁에 다른 마음들이 존재했기 때문이다. 마음이 있다는 것은 나와 나 아닌 존재들과의 교감이 존재했었다는 것을 의미한다. 비록 그 마음이 나를 아프게 할 수도 기쁘게 할 수는 있어도, 마음이 존재하지 않는 삶이란 없는 것이다. 따라서 마음을 이해하고 마음의 길을 알지 못하는 한 서정은 존재할 수 없다.

다만 그렇게 되려면, 자신의 마음을 비우는 일부터 시작해야 한다. 내 마음을 가득 채우고서는 다른 존재의 마음을 읽어 들일 수 없기 때문이다. 마음의 이동은 탈소유(脫所有)의 과정을 통해서 가능해진다. 즉, 송과니 시인은 마음의 향함이 곧 가득찬 마음을 비우는 일이라는 것을 이해한다. "가득함교[教]에서 텅텅 비움교[教]로 개종한 부족들"(「대나무 영토」)의 일원인 시인은 끊임없이 자기 자신의 집착으로부터 벗어나려 한다. 탈소유의 흐름을 삶의 본질적 에너지로 수용할 때 다른 마음에 가 닿을 수 있기 때문이다. 그의 시 「배꼽 아래에서 떨어진 존재이므로」는 바로 이러한 마음의 관계성을 보여준다.

> 그래서 살아 있다, 하늘로 돌아가지 못한 태양들 나무껍질 속으로 숨어든 뒤
>
> 내면이라는 호수에서 물결 그려내는 것.

마르지 않음으로부터 온 물은 마르지 않음의 대지에 마르지 않음 심고 또 심는가.

이파리 가지 초록 나무 허물고 네모 사각 위에서 태어난 집들이, 그 대들보들이, 그 지붕들이, 그리고 그 창들이 사방 벽을 지어 삶이라는 이름의 육신을 비바람으로부터 막아주고 감싸는 한편

더하라, 더하라, 꿈꾸는 시간 거들어줄 때

땅바닥까지 내린 허공을 저 위로 위로 하늘 다시 우주의 정수리까지 걷어 올리고 단 한 칸 제 잠자리 마련한 풀잎들, 꽃잎들, 발자국들.

―「배꼽 아래에서 떨어진 존재이므로」 중에서

주목할 것은 마음을 비운다는 것은 더 큰 마음으로 그것을 다시 채운다는 의미라는 점이다. '내면'의 일이 물질세계와 확연하게 다른 점이다. 마음은 더하고 더해도 마르거나 고갈되지 않는다. "마르지 않음"으로서의 생명이 마르지 않음의 대지를 만들 듯, 마음은 소멸할 수 없다. 따라서 마음에 마음을 연결하는 것은 더 큰 마음의 작업이 될 수밖에 없다. 누군가로부터 갈취하고 착취함으로써 만들어지는 물질적인 소유와 정반대의 과정이다. 시인이 "더하라, 더하라"라고 말하는 것은 내 마음을 가장 가

볍게 '덜어내라' 라고 말하는 것과 같다. '덜어냄' 만이 생명의 '마르지 않음' 을 가져올 것이기 때문이다. 송과니 시인이 찾은 마음우주의 행로가 무엇인지 조금 더 구체적으로 와 닿는 대목이다.

한 시집에서 시인이 던지는 메시지는 하나가 아닐 것이다. 더 많은 의미들이 문장들 속에 담겨 있을 것이다. 그러나 이 글은 그러한 모든 가능성들 중에서 '마음' 에 주목했다. 마음은 우리가 살아 있는 한, 잃어버릴 수 없는 것이다. 하지만 누구도 마음이 어떤 일을 하는지 주목하지 않는다. 마음이 하는 일은 눈에 보이지도 그렇다고 어떤 이익으로 보답하지도 않기 때문이다. 그러나 이 마음이 정체되고 흘러가지 않고 자기 안에만 머물러 있으면 그 마음은 더 이상 마음이 아니다. 마음이 흘러갈 수 있으려면 그 무엇보다 마음의 길을 열어주고, 다른 마음들과 접속해야 한다. 비록 마음이 상처를 입을 수는 있어도 마음이 마음을 만나 교류하는 과정은 마음을 풍요롭게 하며 생명의 생명다움을 되돌려 받는 과정이다. 마음이 어딘가로 가 뿌리를 내리고 나무처럼 자라나 바람을 만들고 또 그 바람이 누군가의 마음속에 심어지는 것. 서정이 하고자 하는 일이다. 독자들이 송과니 시인과 함께 마음의 의미를 다시 사유하기를 기대해본다.